AF278552

DÉPÔT LÉGAL.
ILLE-ET-VILAINE
...
1884

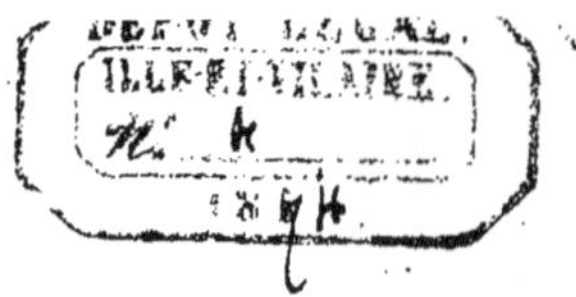

LA QUESTION DU MOMENT

PAR

H. DE LONGEAUX.

> Français ! faites place au Roi très-chrétien, portez-le vous-mêmes sur son trône antique ; relevez son oriflamme, et que son or voyageant d'un pôle à l'autre, porte de toute part la devise triomphante :
>
> « *Le Christ commande, il règne, il est vainqueur !* «
>
> (Le Cte de Maistre. Consid. sur la France).

REDON

P. CHAUVIN, IMPRIMEUR, RUE DE LA GARE.

Lb 57 4654

J'ai cru utile de poser la question du moment telle que je la comprends, et de soumettre ma pensée à quelques amis.

Il n'y a là aucune prétention aux talents que je n'ai pas, ni à l'autorité qui me fait encore plus défaut.

Mais j'ai vu, j'ai réfléchi ; je suis convaincu et j'ai cru devoir exprimer mon avis personnel.

Ainsi que le verront les personnes qui voudront bien me lire, ce n'est ici qu'une note ayant pour but d'appeler sur certains points une réflexion sincère et indépendante de préjugés.

DE LONGEAUX.

Redon, le 15 décembre 1873.

I.

Ah! monsieur, je suis désolé de n'avoir pas chez moi ce que vous désireriez ; mais si vous saviez comme le commerce va mal !

— Je l'entends dire, en effet, quelquefois.

— Les affaires ne reprendront, que quand nous aurons un gouvernement définitif. Il nous fallait Henri V ! Il a eu bien tort de tenir tant que cela à un morceau de satin !

— Je ne partage pas votre avis , M. Dumont. Rien n'est plus justifié, selon moi, que la répugnance du Roi pour un drapeau qui, choisi pour emblème par la Révolution naissante, a conservé toujours et partout cette signification, et qui, arrosé dès le premier jour du sang des loyaux serviteurs du Roi, flotta peu de temps après sur l'échafaud de Louis XVI.

— Mon Dieu! c'est vrai; mais, enfin, cela ne peut pas durer ainsi : avant tout le salut de la France !

— Vous avez raison ; mais croyez-vous qu'Henri V tout seul suffise à la sauver ?

— Mais certainement, Monsieur : beaucoup qui ne le croyaient pas autrefois en sont convaincus maintenant. Je suis du nombre ; et, à vous parler franchement, je m'étonne que vous me posiez cette question.

— Certes, mon cher monsieur Dumont, je serais désolé que l'on pût croire mon royalisme affaibli, mais je vous le dis : il ne suffit pas d'un homme, cet homme fût-il le Roi! Ce qu'il faut avant tout, c'est le retour au principe !

— Le principe d'hérédité ?

— Mieux que cela ! Le principe dont je parle est un principe supérieur, sans lequel celui d'hérédité, qui en découle, ne serait qu'une convention révocable comme toute autre.

C'est, en un mot, le principe du droit divin opposé à celui de la souveraineté populaire.

— Mais le droit divin, monsieur, c'est l'ancien régime et ses abus, les dîmes et les corvées, toutes choses dont vous ne désirez pas plus que moi le retour ?

— Non, certainement ! Les abus de l'ancien régime ont pris fin pour ne plus reparaître ; les dîmes, les corvées et autres priviléges semblables ont été l'objet d'une renonciation solennelle, et il serait aussi impossible de les faire revivre que de faire valoir des droits sur un objet que l'on aurait vendu ou donné.

— Mais il ne faut pas confondre l'arbre avec la mousse qui le couvre, ni le droit avec les abus !

Le meilleur moyen de détruire la plante parasite n'est pas d'abattre l'arbre, et il y avait mieux à faire pour corriger les abus que de renverser le droit.

Au surplus, après la cognée l'arbre pousse des rejetons, et en dépit de la révolution, le droit ne meurt pas.

. Mais je vous fais perdre votre temps?

— Du tout monsieur, je vous écoute avec intérêt, et je serais heureux de voir clair dans cette question.

— Eh bien! puisque vous devez venir à la maison jeudi pour passer la revue des pendules, je vous retiendrai une demi-heure de plus. D'ici là je prendrai quelques notes pour m'aider dans l'exposé que je veux vous faire sur la souveraineté populaire et sur le droit divin.

II. LA SOUVERAINETÉ DU PEUPLE.

> *Dixerunt Deo : Recede à nobis !*
> Ils ont dit à Dieu : « Sors de nos conseils ;
> « sors de nos académies ; sors de nos maisons;
> « nous saurons bien agir seuls, la raison nous
> « suffit. Laisse-nous !
> « Comment Dieu a-t-il puni cet exécrable
> « délire? Il l'a puni, comme il créa la lumière,
> « par une seule parole. Il a dit : *Faites !*
> « *Et le monde politique a croulé.*

« Le principe de toute souveraineté réside essentiellement dans la nation... (Déclaration des droits de l'homme *ou* principes de 89, art. 3).

« La loi est l'expression de la volonté générale ; tous les citoyens « ont le droit de concourir directement ou par leurs représentants à « sa formation » (id. art. 6).

Examinons le principe en lui-même, avant d'en étudier l'application:

D'abord, il soulève une objection : l'autorité, pour être indiscutable doit partir d'un être supérieur à celui qui y est sujet.

Le chef de brigands que vous rencontrez dans la forêt de Bondy, ou ailleurs, peut vous demander de quel droit vous voulez lui faire observer vos lois. « Mes amis et moi, vous dira-t-il, nous « formons, il est vrai, une minorité ; mais ce n'est pas une raison « pour nous imposer vos décrets. L'avenir nous appartient : nous « professons l'amour de la liberté vraie, qui nous fait repousser vos « lois tyranniques, et celui de l'égalité réelle qui nous conduit, nous, « les déshérités de la fortune, à exiger de vous, en attendant l'abolition « de l'infâme capital, ce qui peut se trouver aujourd'hui dans vos « poches. Nous n'avons concouru, d'ailleurs, ni directement ni par « nos représentants, aux lois qu'il vous plaît nous opposer ; et la « portion de souveraineté, dont chacun de nous est dépositaire, va « s'exercer ici aussi légitimement au moins et d'une façon moins « nuisible, à coup sûr, que ne s'exerçait naguères la souveraineté empoignée par vos avocats-dictateurs.

Vous avez proclamé une règle de conscience où le nom de Dieu est absent. Je ne respecte plus ni Dieu ni aucune autorité venant de lui ; mais vous prétendez m'imposer la vôtre, je ne la subirai pas non plus !*

Que répondrait l'homme de la souveraineté populaire au gentleman de grands chemins ?

Autre objection :

La nation, fût-elle toujours composée des mêmes individus, changerait de volonté suivant les évènements : l'expérience le prouve. En outre, de quel droit imposer la volonté d'une génération aux générations suivantes ?

Par conséquent, que ce soit instabilité ou qu'on y veuille voir le progrès, la volonté nationale n'est jamais liée par elle-même ; son droit est de changer quand bon lui semble. Rien n'est donc fixe avec ce principe, et l'histoire des quatre-vingts ans qui finissent justifie surabondamment cette déduction.

Mais, voyons comment peut fonctionner la souveraineté nationale.

Il faut qu'elle soit exercée directement ou déléguée.

Exercée directement par l'individu, (anarchie), c'est le cas du philosophe

---

* Il n'y a pas là d'exagération : la conscience est morte là où règnent les principes de la Révolution, et ils imprègnent l'air que nous respirons.

Le banquier Mirès se croyait un parfait honnête homme.

Le maréchal Bazaine se croyait un modèle de loyauté militaire.

Tous deux, sans doute, ont été plus malheureux encore que coupables, et leur malheur est de n'avoir point appris l'Honneur dans le catéchisme.

Soyons indulgents pour eux : il y a peut être d'autres trahisons dont les auteurs en ce moment.... et pour lesquelles l'histoire se montrera plus sévère encore.

de la forêt de Bondy, c'est aussi celui des hommes de progrès qui font les révolutions ou des gens habiles qui savent profiter des bagarres. C'est sans doute trop s'y arrêter ; mais il s'agit, en définitive, de la seule souveraineté réelle que le peuple puisse exercer. Il le sait bien !

Déléguée, elle peut l'être à un seul ou à plusieurs :

A un seul, c'est le Césarisme.

A plusieurs, c'est le Parlementarisme.

Le *Césarisme* s'appuie directement sur la masse ; son instrument est le plébiscite. Comme il tient son autorité de la nation, c'est à elle qu'il recourt quand il veut la défendre ou l'accroître.

Il lui faut un grand nombre de *Oui*.

D'abord, il peut compter sur le troupeau pusillanime des honnêtes gens, dont le vote a surtout pour objet l'éloignement des nouvelles couches sociales qui veulent exercer le plus directement possible la souveraineté.

« J'ai du bien, j'ai des rentes ; j'ai peur des rouges ; je vote *Oui* !

« Mon commerce va bien ; si l'on votait *Non*, on aurait les rouges « et je perdrais ; je vote *Oui !*

Viennent ensuite les fonctionnaires, sur lesquels César compte comme si leurs âmes lui étaient vendues, et souvent il n'a pas tort.

Mais cela ne fait pas encore le nombre voulu : les cabarets vont le donner ! Ils sont dans la main de l'administration ; on sera tolérant pour ceux qui seront utiles, sévère pour les autres.

Il ne faut cependant épargner aucune précaution :

Des ordres sont donnés afin que l'impunité, privilége ordinaire des partisans de César, s'étende, pour quelques jours, à tous les délinquants dont on peut espérer le vote.

Est-ce là tout ? Non ! il y a encore tout ce que peut inventer le zèle intelligent des autorités: par exemple, les secours du bureau de bienfaisance accordés à des gens qui n'en ont pas besoin et que leur moralité devrait en faire écarter.

Au lieu d'un plébiscite, s'agit-il d'une élection ? C'est la même chose pour le gouvernement, et il emploie les mêmes moyens. De plus, toutes les calomnies sont bonnes contre le candidat honnête dont on craint l'indépendance.

Mais, le succès une fois obtenu par ces honorables procédés, il faut conserver la popularité. On ne peut, comme le faisaient autrefois les empereurs Romains, avec les trésors de l'univers, donner au peuple du pain et des plaisirs.

Que fait-on alors ? On cherche à satisfaire les appétits malsains des masses ouvrières par des lois immorales ; on cherche à faire vibrer à faux la fibre nationale par des guerres injustes.

Ce régime ne peut vivre que de corruption, de tromperie ou de guerre.

Son principe l'y contraint, et l'histoire Romaine aussi bien que l'histoire Contemporaine prouve qu'en effet il ne vit pas autrement.

Plus de corruption sous Napoléon III, quand la force est moins grande ; plus de force, plus de guerres et de gloire sous le premier empire quand le suffrage universel ne fonctionnait pas.

Mais tromperie toujours, trahison aussi.

Queretaro fait le pendant des fossés de Vincennes.

L'oncle jette le pape en bas du trône ; le neveux trahit avec respect son successeur. Le premier fait à l'Espagne une guerre injuste ; le second attaque l'Autriche sans motifs, et, devenu ensuite son allié, la trahit et l'abandonne peu après.

Commençant tous deux par la force, ils finissent l'un par Waterloo; l'autre par Sedan. Le Carbonarisme se forme sur le cadavre du premier empire ; l'Internationale, fomentée par le second, se développe après sa mort dans son infernale puissance.

Ce régime que vous avez acclamé de vos votes réitérés, voilà par où il finit, voilà où il conduit. Vous avez voté « *Oui* » pour éviter les Rouges, et vous arrivez à la commune. C'était facile à prévoir.

Vous ne pouviez que reculer pour mieux sauter : j'entends sauter comme une maison minée ; seulement elle ne saute pas deux fois, ce qui pourrait bien vous arriver.

Le parlementarisme, c'est la souveraineté populaire déléguée à une assemblée élective devant laquelle comparaissent des ministres responsables.

Mais ne faut-il pas distinguer entre l'état de République et celui de Monarchie parlementaire ?

Si vraiment ! En République, la situation et la marche de l'Assemblée sont moins nettes et beaucoup plus sujettes à variations. Sa puissance nominale est plus grande ; sa force réelle est beaucoup moindre.

Que le pouvoir exécutif soit manié par un habile homme ou confié à un loyal soldat, le président de la République jouit d'une puissance considérable : celle de s'en aller.

C'est ce qui le fait rester. La manière de se servir de cette puissance en simulant une envie de retraite que l'on n'éprouve nullement est ce qu'on a appelé le jeu du tablier. C'est ainsi qu'on est maître.

Sommes-nous en Monarchie, au contraire? Le roi est, de par la constitution, nanti d'un pouvoir héréditaire et inviolable. Il est comme ce monsieur auquel son voisin de soirée disait : « Je m'ennuie ici ; allons nous en ! » « Je le voudrais bien, répond-il, mais je ne peux « pas ; je suis le maître de la maison. »

Mais quelle est la situation de la Chambre vis-à-vis du Roi parlementaire ? Elle est très-nette :

La Chambre est divisée en deux parties : l'une qui soutient le gouvernement, l'autre, si peu nombreuse qu'elle soit, qui l'attaque quand même et dont le plus grand désir est de jeter le roi avec sa dynastie par dessus le mur de ce champ-clos qu'il ne peut franchir légalement, le jeu du tablier et les plébiscites (qui sont la même chose en grand) ne rentrant pas dans la constitution.

J'admets que la dynastie soit assez heureuse pour compter peu d'ennemis dans la Chambre : il est du moins impossible dans l'état actuel de la France qu'elle n'en ait aucun ; ceci est au-dessus de la discussion.

A ces ennemis, qui pourront se couvrir du masque de l'opposition légale, se joignent les compétiteurs de portefeuilles et leurs tenants.

Voilà le côté de l'attaque.

Du côté de la défense, les ministres assistés de leurs amis.

Les partis ainsi placés, étudions le jeu du système, dans la Chambre, dans le ministère, dans le souverain nominal.

La Chambre d'abord :

Ici l'opposition, outre l'avantage de l'attaque, en possède plusieurs autres qui n'existent pas pour le camp ministériel.

Elle a d'abord toute l'énergie que peut donner un but parfaitement déterminé, celui de renverser les autres pour arriver, lequel est souvent intimement lié à la conviction d'opérer ainsi le salut de la patrie.

La même énergie ne saurait appartenir aux champions du gouvernement chez qui le sentiment personnel est beaucoup moins en jeu, et qui , indépendants après tout, trouvent souvent qu'il y a mieux à faire que ce que font les ministres.

Ensuite la critique est aisée... pour peu que l'on soit avocat, quand on possède un arsenal complet de textes écrits avec lesquels on peut confronter les actes ministériels, quand les concessions accordées par le gouvernement fournissent des armes contre lui aussi bien que celles qu'il refuse, quand on est soutenu dans son œuvre par une presse nombreuse et que l'on sent enfin sa popularité (la plus grande force en ce temps) grandir autant par les défaites que par les succès.

L'opposition a seule la vie pour elle : on peut lui appliquer cette devise : *Vires acquirit eundo.*

Pour les ministériels le seul succès possible consiste a éviter la défaite.

N'est-elle pas infaillible dans un temps donné ?

Ne profite-t-elle pas toujours aux antidynastiques ? et dès lors leur succès, c'est-à-dire la chûte de la dynastie, est-elle autre chose qu'une affaire de temps, quand même leur force initiale (comme dans la période parlementaire de l'empire) serait à peu près nulle ?

Le bons sens et l'histoire ne crient-ils par la réponse ?

Venons aux ministres :

Il est difficile de bien faire plus d'une chose à la fois.

Or, ils en ont deux à faire : administrer le pays et couvrir le souverain nominal.

Il ne suffit pas d'une administration irréprochable : il faut encore l'éloquence pour la soutenir.

Le discours nuit à l'administration et l'administration au discours.

On ne peut pas être sur la brèche et voir ce qui se passe dans la place.

Si on se tourne d'un côté on prête le flanc de l'autre.

Généralement le ministre préfère le discours, parce qu'il tient à son portefeuille ; mais alors l'administration souffre, le pays aussi et la popularité du gouvernement.

De changement en changement, cependant, les ministères finissent par se recruter dans cette nuance (de plus en plus nombreuse du reste) des hommes dont les opinions politiques, consistent à considérer comme le meilleur le gouvernement qui leur confie les portefeuilles.

La garantie que peut offrir un tel ministère contre des attaques acharnées et dont on ne peut espérer la fin est assez illusoire, on en conviendra.

Mais venons en au souverain nominal.

Plusieurs de ses sujets travaillent à miner le trône où il est assis : les ministres, surveillés par une Chambre où ces tentatives illégales trouvent toujours des complices, soutiennent ce trône selon leur pouvoir et leur zèle.

Lorsqu'il y a lieu, le roi dit à ses ministres : « Messieurs, vous « avez pris des mesures qui ont eu mon approbation, mais elles dé- « plaisent à la Chambre ; je suis obligé de me séparer de vous. »

Voilà son rôle !!!

Certainement, il pourrait dissoudre la Chambre.

Mais c'est une grosse question.

C'est jouer quitte ou double, sauf que si l'on gagne on n'est pas quitte et que c'est à recommencer un peu plus tard.

Et l'on dit que c'est là un souverain !

Et l'on croit possible qu'un tel pouvoir résiste à une agression persistante !

Mais, encore une fois, le bon sens et l'expérience le crient : c'est impossible !

Que se passe-t-il maintenant dans le pays ?

Les passions et les ambitions de la rue répondent à celles de la Chambre ; le bourgeois, semblable à l'autruche, se tranquillise sur un danger qu'il ne voit pas et, cessant de craindre le retour de la crise, se donne le plaisir de l'opposition... légitime d'ailleurs, au point de vue constitutionnel.

Cependant le ministère aux abois croit avoir trouvé un expédient, il l'emploie : on crie à l'illégalité, à la violation du pacte et le pouvoir, dès longtemps ébranlé, est jeté par dessus bords par le premier ambitieux qui veut s'en donner la peine.

Est-il possible que cela se passe autrement ?

Je le répète encore : l'histoire et le bon sens répondent négativement !

La démarcation même des pouvoirs établie par la constitution écrite fait que les deux partis vont assez vite jusqu'à la limite de leurs droits, qu'ils interprètent naturellement de façons différentes. La force seule peut trancher la question.

Elle n'est certes pas pour ceux qui, restreints à la défensive, ont en face d'eux un ennemi impérissable et acharné.

Ainsi, le parlementarisme monarchique, en France, aboutit nécessairement au renversement de la dynastie.

Et, en attendant ce dévouement inévitable, le pouvoir du roi n'est que secondaire et dépendant.

Deux objections, cependant, sont à prévenir :

Je n'ai point fait mention d'une chambre haute ? C'est vrai ; mais dans un pays où l'aristocratie et les grandes fortunes sont détruites, ce n'est pas un pouvoir sérieux ; et si son effet n'est pas tout à fait nul, il ne peut servir qu'à amortir ou retarder les chocs.

Voudra-t-on maintenant parer aux inconvénients signalés par un article 14 quelconque, où sera refugié tout ce que le roi pourrait posséder de souveraineté réelle : le droit de suspendre le régime constitutionnel ?

Mais s'il s'en sert, il n'est plus roi parlementaire !

Et quand on doit finir par là, ce qu'il y a de mieux à faire est de ne pas commencer autrement.

Je maintiens donc mes conclusions en ce qui concerne le parlementarisme monarchique : il aboutit au renversement..... et à la République.

Je conçois qu'on préfère celle-ci, c'est-à-dire qu'on préfère l'avoir de suite... pour en être plus tôt débarrassé !

La République en France, disait un grand républicain (qui ne l'était pas alors, mais qui était déjà, comme maintenant, de son parti à lui), la République tourne à l'imbécillité ou au sang :

C'est vrai :

A l'imbécillité, parce que la division de ceux qui étaient unis pour renverser, leur inflige l'impuissance : au sang, parce que, lassées de cette impuissance, les ambitions individuelles , que la République excite ou fait germer, se donnent carrière, se dépasent les unes les autres, arrivent enfin à toutes les violences que semble autoriser un régime dont le nom, pour le bon sens populaire, signifie absence de lois et de frein moral.

Mais nous en sommes au parlementarisme en général :

Voyons ce que peut faire les parlements dans les intervalles des crises auxquelles leur régime assujettit le pays.

« Aucune constitution ne résulte d'une délibération. »

« Plus on écrit, plus l'institution est faible. »

« Une assemblée quelconque d'hommes ne peut constituer une nation, « et même cette entreprise excède en folie ce que tous les Bédlams « du monde peuvent enfanter de plus absurde et de plus extravagant.

« Nulle grande institution ne résulte d'une délibération. (*Considérations sur la France* ; Ch. VI. et VII).

Voilà ce que disait au commencement de ce siècle le génie du comte de Maistre.

Et en effet, peut-on citer dans les œuvres des assemblées parlementaires Françaises quelque chose qui ait duré ?

Je ne le crois pas. Par exemple, il est facile de montrer leurs fautes, leur ignorance parfois, et le mal qu'elles n'ont pas empêché.

Pour ne citer que ce qui se présente à l'esprit, sous la restauration elles ont critiqué et blâmé toutes ces guerres qui ont relevé si haut la gloire du nom français, la loi de la conversion des rentes où se révéla le génie financier de Villèle et dont les adversaires même reconnurent plus tard l'excellence.

Sous le deuxième empire (période parlementaire), ont-elles empêché la campagne de 1859, le Mexique, la création de l'Internationale, Sadowa et le reste ?

Qu'ont-elles fait ?

Et pourquoi ne peuvent-elles rien faire ?

Par la même raison qui a arrêté la tour de Babel ! Elles sont divisées en fractions dont les désirs et les croyances sont opposés les uns aux autres.

Dans une affaire donnée, il est très-ordinaire que chacune de ces fractions ait un but tout autre que de donner à cette affaire la solution qu'elle croit la meilleure.

Les questions de portefeuilles et celles de personnes dominent tout.

Châteaubriant le professait sous la Restauration :

On doit voter même contre ses convictions pour soutenir ses amis et attaquer ses ennemis.

N'a-t-on pas vu mettre tous les jours ce précepte en pratique et faut-il citer des exemples présents à tous les esprits ?

S'ils ne veulent pas, ils ne peuvent pas non plus !

Une fraction de l'assemblée, et notamment celle dont il nous plaira de considérer les vues comme justes, veut-elle faire prévaloir la mesure qu'elle croit la meilleure? Elle ne le peut généralement pas ! Pourquoi ? parce que, trop peu nombreuse, elle est obligée de mitiger, d'atténuer son opinion (que nous supposons être la vérité), quelquefois même d'adopter une formule toute différente, une mesure contraire, sans quoi elle ne pourrait avoir la majorité.

Et la composition et les alliances des différents groupes changeant constamment, il s'en suit que les lois votées dans une même législature peuvent différer entièrement par l'esprit dans lequel elles sont conçues.

Ces évolutions, même, peuvent amener dans une même loi des contradictions qui en annulent la valeur et font avorter une œuvre sur laquelle le pays fondait son espérance. L'exemple en est récent.

Toute la politique des parlements se réduit à des pointages, à des conversations dans les couloirs ou les embrasures de fenêtres, à des promesses habiles..... qu'on ne tient pas.

Cette politique-là est à la portée de tout le monde ; il n'est personne qui soit banni de ses hauteurs et qui doive ainsi renoncer pour jamais à occuper une place honorable dans les racontars des journaux et les cancans de salons.

Et que de coûteuses lenteurs pour les moindres actes ! On passe des séances entières pour discuter si on discutera une question ou quand on la discutera, des semaines à nommer les députés qui devront étudier un projet de loi pour en dire leur avis à la Chambre.

Si cette lenteur au moins était un signe de sagesse !

Notre siècle qui se moque volontiers des précédents est lui-même tombé au-dessous du ridicule.

On ne rit pas d'un pauvre être privé de ses facultés intellectuelles et physiques.

Le parlementarisme se résume donc ainsi :

En République, incertitude de marche et tergiversations, faute d'un pouvoir à abattre ; en monarchie, chûte inévitable d'un souverain nominal, à moins qu'il n'ait les moyens de mettre le parlementarisme de côté et la volonté de s'en servir.

Dans l'un et l'autre cas, impuissance annoncée par le génie aidé de la foi, prouvée par l'expérience, expliquée par la raison.

Le principe de la Souveraineté nationale posé comme axiôme, bien qu'on puisse voir au premier abord qu'il est très discutable, conduit donc dans la pratique (si l'on élimine l'anarchie et le despotisme dictatorial), soit au Césarisme, soit au parlementarisme, et ces deux formes de gouvernement sont destructives de la société.

Nous pouvons ajouter que, loin de procurer à chaque individu une part de souveraineté réelle et qu'il puisse considérer comme un bien, elles ne lui assurent même pas la liberté ; 1° parce que la souveraineté populaire qui est leur base n'a pas comme celle de Droit divin des limites infranchissables ; 2° parce que la centralisation qu'elles comportent l'assujettit à la tyrannie bureaucratique.

Est-ce ici un cri de révolte contre un système encore en vigueur ?

Non ! les fidèles du Droit divin n'ont rien de commun avec la révolte. Soumis de cœur à l'autorité légitime, dans laquelle leur respect va chercher Dieu même qui en est l'auteur, ils subissent les autorités illégitimes dont Dieu permet l'établissement et donnent aux adhérents mêmes de ces usurpations l'exemple de l'obéissance. Prêts à mourir pour leur foi, ils savent que Dieu s'est réservé de faire justice, et ils attendent son heure.

III. LE DROIT DIVIN.

Per me reges regnant.

Il n'y a pas de droit contre le Droit ; Le seul droit véritable, c'est celui qui émane de Dieu !

Lui seul est immuable, parce que l'homme ne l'ayant pas fait n'y peut rien changer et que Dieu, son auteur, ne se déjuge pas.

L'assentiment d'un nombre plus ou moins grand de personnes, députés ou non, n'ajoute rien à ce Droit ; le petit nombre de ses adhérents ne peut rien lui ôter.

On peut le méconnaître ; mais il reste.

On peut fermer les yeux pour ne pas le voir ; mais on ne l'efface pas.

Quand le faux droit de la souveraineté populaire enfanté par l'orgueil humain aura pour la vingtième fois conduit la France à sa perte, la miséricorde de Dieu fera éclater aux yeux des survivants ce Droit établi par lui et qui seul donne la paix.

Rien de ce qui est établi en dehors de ce Droit n'est légitime ; tout est nul, tout va tomber !

Le caractère des institutions de Droit divin est de germer à la longue des mœurs d'un peuple ou, lorsqu'elles résultent de l'autorité, de la force ou d'une nécessité de circonstance, d'être consacrées ensuite par un long et paisible usage.

La durée et la paix dans la durée, ces deux caractères impliquent nécessairement une œuvre divine.

Il est à remarquer, de plus, qu'une loi ne peut être établie ou consacrée long et paisible usage que si elle respecte tous les droits véritables.

On peut donc dire que la liberté est un des caractères des constitutions de Droit divin.

Si l'on dit souvent et assez légèrement le contraire, c'est que l'on confond le Droit avec les abus.

Les constitutions faites de main d'homme ont la folle prétention de tout prévoir. Les constitutions de Droit divin ne prévoient pas tout : dès lors, les droits des différents pouvoirs ne se coudoient pas, il y a entre eux un espace suffisant pour que les conflits soient évités.

Je disais que les constitutions de Droit divin étaient libres.

Pour ce qui concerne celle de l'ancienne France, plusieurs membres de l'ancienne magistrature l'ont résumée dans un livre publié en 1795 et intitulé : *Principes fondamentaux de la Monarchie française.*

Après avoir cité cet ouvrage, Joseph de Maistre s'écrie :

« Dira-t-on que ces belles lois n'étaient pas observées ? Dans ce cas
« c'était la faute des Français, et il n'y a plus pour eux d'espérance de
« liberté : car lorsqu'un peuple ne sait pas tirer parti de ses lois
« fondamentales, il est fort inutile qu'il en cherche d'autres ; c'est une
« marque qu'il n'est pas fait pour la liberté ou qu'il est irrémissi-
blement corrompu. »

L'ancienne constitution écrite ès-cœurs des Français se composait de lois supérieures aux Rois et formant un droit dont il ne pouvait légitimement sortir et auquel il pouvait être respectueusement rappelé.

Est-ce à dire que cette constitution doive telle quelle redevenir celle de la France ?

Non ! elle renferme en elle des moyens réguliers de modification et, si une force majeure s'oppose à leur mise en jeu, elle légitimera en même temps (car la force majeure c'est la main de Dieu), les moyens peu différents qui devront être employés.

Les détails importent peu.

Ce qu'il faut pour le salut de la France, c'est le retour à Dieu, au Droit dont il est l'auteur, à ce droit qui en fit pendant treize siècles la plus grande nation du monde et qui peut seul lui rendre actuelle-ment, avec cette grandeur, la véritable liberté, liberté dont notre siècle sans Dieu, n'a plus l'idée, et qui ne peut revivre que par le droit et l'autorité.

IV.

On dira, sans doute, que l'accomplissement de mes désirs est impossible, qu'un peuple ne revient pas en arrière, qu'un monde nouveau existe et qu'il faut le prendre tel qu'il est, sauf à l'améliorer.

Ce qui existe, c'est la maladie mortelle de révolte et d'oblitération du sens moral que la première des nations a communiquée au monde entier, maladie avec laquelle, je crois l'avoir prouvé, le fonctionnement durable d'un pouvoir régulier est impossible.

Si on prend la maladie elle-même comme un fait accompli, contre lequel il n'y a rien à faire, les améliorations qu'on pourra introduire n'empêcheront pas la maladie et la mort.

C'est là seulement ce que je prétends.

Je ne dis pas qu'un peuple puisse revenir en arrière ni un homme de trente ans revenir à vingt. Mais un peuple peut, je crois, rentrer dans sa voie et sa constitution naturelle, de même qu'un malade peut revenir à la santé.

Je dis enfin que l'homme s'agite et que Dieu le mène et que l'impossible est beaucoup plus ordinaire qu'on ne croit.

89 était impossible en 1780, 93 en 89, l'empire en 93.

A la veille d'être faite, la première restauration était un rêve irréalisable.

La même réflexion s'applique aux évènements actuels : l'impossible est notre pain quotidien.

Dieu écrit l'histoire du monde pour instruire les nations. En décrétant une impossibilité, vous ne barrerez pas sa route !

Imp. P. Chauvin, à Redon.